BEI GRIN MACHT SICH IHR WISSEN BEZAHLT

- Wir veröffentlichen Ihre Hausarbeit, Bachelor- und Masterarbeit

- Ihr eigenes eBook und Buch - weltweit in allen wichtigen Shops

- Verdienen Sie an jedem Verkauf

Jetzt bei www.GRIN.com hochladen und kostenlos publizieren

Hans-Jürgen Borchardt

Neue Umsätze durch Individualisierung der Leistungen

Individualisierung als Alleinstellungsmerkmal

GRIN Verlag

Bibliografische Information der Deutschen Nationalbibliothek:

Die Deutsche Bibliothek verzeichnet diese Publikation in der Deutschen Nationalbibliografie; detaillierte bibliografische Daten sind im Internet über http://dnb.d-nb.de/ abrufbar.

Dieses Werk sowie alle darin enthaltenen einzelnen Beiträge und Abbildungen sind urheberrechtlich geschützt. Jede Verwertung, die nicht ausdrücklich vom Urheberrechtsschutz zugelassen ist, bedarf der vorherigen Zustimmung des Verlages. Das gilt insbesondere für Vervielfältigungen, Bearbeitungen, Übersetzungen, Mikroverfilmungen, Auswertungen durch Datenbanken und für die Einspeicherung und Verarbeitung in elektronische Systeme. Alle Rechte, auch die des auszugsweisen Nachdrucks, der fotomechanischen Wiedergabe (einschließlich Mikrokopie) sowie der Auswertung durch Datenbanken oder ähnliche Einrichtungen, vorbehalten.

Impressum:

Copyright © 2012 GRIN Verlag, Open Publishing GmbH
Druck und Bindung: Books on Demand GmbH, Norderstedt Germany
ISBN: 978-3-656-46689-5

Dieses Buch bei GRIN:

http://www.grin.com/de/e-book/186951/neue-umsaetze-durch-individualisierung-der-leistungen

GRIN - Your knowledge has value

Der GRIN Verlag publiziert seit 1998 wissenschaftliche Arbeiten von Studenten, Hochschullehrern und anderen Akademikern als eBook und gedrucktes Buch. Die Verlagswebsite www.grin.com ist die ideale Plattform zur Veröffentlichung von Hausarbeiten, Abschlussarbeiten, wissenschaftlichen Aufsätzen, Dissertationen und Fachbüchern.

Besuchen Sie uns im Internet:

http://www.grin.com/

http://www.facebook.com/grincom

http://www.twitter.com/grin_com

Neue Umsätze durch Individualisierung der Leistungen

Wenn von Marketing die Rede ist, sind die Empfehlungen der Profis in den Beiträgen und in der Literatur fast immer die gleichen:

- Zielformulierung
- Analyse des Marktes und der Wettbewerber
- Analyse der eigenen Ressourcen
- Analysenbilanz
- Erarbeitung von möglichen Differenzierungen bzw. Nischen
- Gewichtung und Auswahl der erarbeiteten Lösungsmöglichkeit(en)
- Bestimmung der Zielgruppe
- Zielformulierung zur Alleinstellung
- Auswahl und Bestimmung der Maßnahme(n)
- Etc.

Diese Vorgehensweise ist extrem arbeitsintensiv, und erfordert teilweise konkretes Fachwissen. Aber auch wenn die Empfehlungen abgespeckt sind und sich auf die

- Zielformulierung und
- Entwicklung/Verbesserung der eigenen Leistung(en

konzentriert, hat diese Vorgehensweise und alle anderen Varianten, die es dazu gibt, drei entscheidende Fehler:

1. Die eigenen Ressourcen und Möglichkeiten und nicht die Wünsche der Kunden stehen im Mittelpunkt der Überlegungen.
2. Sie erfordern einen hohen Arbeitsaufwand und oft das Know-how externer Berater.
3. Die Kunden, für die das alles gedacht ist, werden nicht gefragt.

Damit wird diese Methode zum Glücksspiel. Wenn man Glück hat, gefällt das neue Angebot den Kunden. Wenn man Pech hat, interessiert es ihn wenig oder gar nicht.

Generell gilt, wenn den Kunden das Angebot bzw. die Leistung nicht gefällt, ist alle Mühe vergebens. Vielen Selbständigen fällt es schwer, daran zu denken, dass man auf Dauer nur Erfolg haben kann, wenn die Zufriedenheit des Kunden im Mittelpunkt steht. Wer sein Unternehmen nach der Vorgabe „Was ist das Beste für meinen Betrieb und mich" ausrichtet, wird im Normalfall nicht überleben.

Wer dagegen die größtmögliche Zufriedenheit seiner Kunden anstrebt, kann wie das folgende Beispiel zeigt, kaum etwas falsch machen.

In der Nähe von Frankfurt gründete in den 80iger Jahren ein junger Ingenieur ein Entwicklungs- und Konstruktionsbüro. Bereits nach Abschluss des 1. Auftrages fragte er den Auftraggeber detailliert

- Was ihm gefallen hat. (Beratung, Angebot, Abwicklung, Leistung, Schnelligkeit, Betreuung, Qualität der Arbeit, Verhalten der einzelnen Mitarbeiter, Übergabe, Nachbetreuung)
- Was ihm nicht gefallen hat.

- Was er beim nächsten Auftrag besser machen könne.
- Welcher Sonderwünsche er beim nächsten Auftrag erfüllen könne?

Der Fragebogen war so aufgebaut, dass die einzelnen Beurteilungen im Schulnotensystem bewertet werden mussten. Sämtliche Leistungen, die nicht mit sehr gut oder gut bewertet wurden, wurden auf analysiert. Die gefundenen Verbesserungsmöglichkeiten wurden dann sofort zu verbindlichen Arbeits- und Verhaltensvorgaben.

Mitarbeiter, die ebenfalls nicht mit sehr gut oder gut bewertet wurden, wurde der direkte Kontakt zum Kunden untersagt. Mit anderen Worten, es wurde alles Erdenkbare getan um die Kunden zu begeistern.

In der Zwischenzeit haben das auch die Großunternehmen begriffen. Früher haben die Ingenieure aus den Entwicklungsabteilungen dem Marketing(Vertrieb) gesagt, was sie an Neuentwicklungen erarbeitet haben und das man diese nun vermarkten könne. Heute ist es bereits vielfach umgekehrt. Die Marketingleute sagen den Entwicklern, Designern und Ingenieuren, welche Produkte und Leistungen sie mit welchem Nutzen für die Kunden zu entwickeln haben.

Sportartikel- und Modehersteller haben Scouts, die ständig auf der Suche nach den Trends sind, die sich entwickeln. Bei Windows 7 sollen angeblich die Empfehlungen und die Fehlermeldungen von über 70.000 Usern eingeflossen sein.

Eines der großen Unternehmen der Welt, der amerikanische Konzern Procter & Gamble, hat sich zum Ziel gesetzt, dass 50% seiner Neuentwicklungen von den Kunden kommen sollen bzw. von ihnen initiiert werden. Wie konsequent das Unternehmen sein Ziel verfolgt zeigt, dass bereits auf der Homepage im Internet folgender Text steht:

„Haben Sie eine vielversprechende Innovation, die helfen könnte, das Leben unserer Verbraucher zu verbessern?"

Auf der Seite „Impressum" steht noch einmal der gleiche Text, aber dieses Mal noch mit dem Zusatz: „Wir suchen Sie als unseren Innovationspartner!"

Dieses Beispiel zeigt, dass inzwischen auch die Großunternehmen erkannt haben, dass die Kunden genau wissen, was für sie am besten geeignet ist.

Handwerker dagegen fragen ihre Kunden dagegen selten oder nie, obwohl sie täglich Kontakt zu ihnen haben. Diese Nähe zu den Kunden ist einer der größten Vorteile die Handwerker gegenüber den großen Firmen haben, aber es ist ihnen nicht ausreichend bewusst. Wenn sie wollten könnte sie alles erfragen. Die Erklärung für diese Zurückhaltung ist nicht bekannt. Spekulativ kann vermutet werden, dass sie sich nichts vorschreiben lassen wollen. Oder: Sie glauben, dass sie durch ihre Fragen den Eindruck der Unwissenheit erwecken.

Das ist absolut falsch. Kunden sind im Normalfall gern bereit aktiv Vorschläge, Tipps und Ideen einzubringen, weil sich damit die Leistungen und Angebote zu ihrem Vorteil verändern.

Wer seine unterschiedlichen Zielgruppen genau definiert und fragt: „Wie müsste mein Angebote und meine Leistung aussehen, damit sie voll und ganz zufrieden sind? Gibt es aus ihrer Sicht Defizite die behoben werden sollten?

Ebenso gut können fremde Auftraggeber gefragt werden: „ Was muss ich tun, wenn ich sie als Kunden gewinnen will? Diese Fragen sind nicht von jeden Betrieb 1 zu 1 zu übernehmen, aber in vielen Branchen und Leistungsfeldern möglich. Das bedeutet noch lange nicht, dass alle Befragten Kunden werden, aber einige immer. Außerdem zeigt es konkret auf, wo Leistungsverbesserungen möglich und erwünscht sind.

Noch ein Beispiel

In einer Großstadt in Baden-Württemberg verkaufte eine erfolgreicher Unternehmer Heizöltanks. Im Laufe der Jahre hatte er einige tausend Adressen gesammelt und überlegt, wie er diese nutzbringend verwerten könne. Er kam auf die Idee, seinen Kunden einen Reinigungs- und Wartungsservice anzubieten. In einem langen Gespräch konnte ich ihn überzeugen, zuerst die Kunden zu befragen, bevor er das Angebot entwickelt und vermarktet.

Unsere Befragung erbrachte folgendes Ergebnis:

- Die Hausfrauen beschwerten sich grundsätzlich über den Dreck und den Gestank, der mit dieser Arbeit verbunden war.
- Die Leute würden mit ihren dreckigen Arbeitsschuhen durch das Haus laufen.
- Die Arbeitskleidung sei schmutzig und würde nach Heizöl riechen.
- Die Serviceleute seien überwiegend unfreundlich.

Aufbauend auf diesen Informationen entwickelten wir gemeinsam folgendes Angebot:

- Die Firmenwagen wurden weiß gestrichen.
- Die Mitarbeiter trugen weiße Overalls. Waren sie schmutzig, mussten sie gewechselt werden. (Im Servicewagen waren immer ausreichend Reserveanzüge)
- Die Mitarbeiter mussten, wenn sie durch das Haus gingen, Schutzfolien über ihre Schuhe ziehen.
- Am Arbeitsplatz wurde während der Arbeitszeit ein leistungsstarkes Luftreinigungsgerät aufgestellt, so dass die Geruchsbelästigung weitgehend entfiel.
- Die Mitarbeiter wurden verpflichtet, sich vorzustellen und gegenüber der Kundin besonders freundlich und zuvorkommend zu sein.
- Nach Abschluss der Arbeit bekam die Kundin eine weiße Plastik-Rose und wurde gleichzeitig gefragt, ob sie 100%ig zufrieden sei.

- Wenn die Frage nach der Zufriedenheit mit sehr gut oder gut beantwortet wurde gefragt, ob man diese Leistung auch den Nachbarn, Freunden oder Bekannten anbieten dürfe? Bei Zustimmung wurde geantwortet, dass eine Kollegin anrufen wird, um die Adressen zu erfassen.

Innerhalb weniger Jahre hatte sich das neue Unternehmen erfolgreich etabliert, obwohl es deutlich teurer war als die Wettbewerber.

Dass es für diese Entwicklung keine Grenzen gibt, kann man ebenfalls im Internet feststellen. Die Kunden gestalten und bestellen die Produkte, die sie haben wollen, selbst. Die Angebote sind vielfältig und reichen vom selbst gemixten Parfüm www.myparfuem.com über selbst gestaltete T-Shirts www.spreadshirt.net bis hin zu selbst gemischten Müslis www.mymuesli.com.

Das alles zeigt, dass die Entwicklung zur Individualisierung der Kundenangebote ein Prozess ist, den man nur bedingt durch eigene Entwicklungen beeinflussen kann. Da es im Prinzip weitgehend risikolos ist, wenn man zuerst die Kunden fragt, empfiehlt es sich darüber nach zu denken, diese „Entwicklungsleistungen" auf die Kunden zu verlagern.

Fazit:
Marketing sollten Sie mit Ihren Kunden machen, denn die wissen am besten, was sie sich von Ihnen wünschen.